Antonio Pittau

L'ho detto
che sarei finito
su un libro...

Dedicato ai miei…
Che hanno creduto in me
Sempre

✳

Un uomo veramente libero, è chi può scegliere la propria schiavitù.
(Anonimo)

✳

Il salute verso chi starnuta, serve se non altro a incominciare una conversazione tra gente sconosciuta.
(Carlo Dossi)

✳

Carpe diem! (Orazio)

✳

Se un Dio avesse fatto il mondo, questo sarebbe senza dubbio il migliore di tutti; ma non lo è, neppur da lontano; dunque non c'è Dio. (Anonimo)

✳

È dolce ciò che mi dici, ma più dolce ancora è il bacio che ho rubato alla tua bocca.
(Heinrich Heine)

✳

Chi vive senza follia non è così saggio come crede.
(François de La Rochefoucauld)

✳

Per essere insostituibili bisogna essere diversi.
(Coco Chanel)

✳

Nessuno può essere libero se costretto ad
essere simile agli altri.
(Oscar Wilde)

✳

Una leva messa nel posto giusto può sollevare
il mondo.
(Archimede)

✳

Se incontrerai qualcuno persuaso di saper
tutto e di esser capace di far tutto non potrai
sbagliare, costui è un imbecille!
(Confucio)

✳

Il vero signore è lento nel parlare e rapido
nell'agire.
(Confucio)

✳

A proposito di politica, ci sarebbe qualcosa da
mangiare?
(Totò)

✻

Lotta sempre per ciò che davvero desideri, altrimenti sarai costretto ad accontentarti di quel che troverai.
(Anonimo)

✻

La vita è quello che succede mentre tu stai facendo altri progetti.
(Anonimo)

✻

Negli affari non ci sono amici, solo soci.
(Alexandre Dumas padre)

✻

Si può bere troppo, ma non si beve mai abbastanza.
(Gotthold Ephraim Lessing)

✻

Tutti quelli come noi, siamo noi e tutti gli altri, sono loro.
(Joseph Rudyard Kipling)

✻

Tutti pensano di cambiare il mondo, nessuno di cambiare se stesso.
(Lev Nikolaevič Tolstoj)

✳

Chi vuol esser ricco in un dì, è impiccato in un anno.
(Leonardo da Vinci)

✳

La pazienza è una virtù che si acquista con la pazienza.
(Alessandro Morandotti)

✳

La vita è una tempesta, e prenderlo in culo è un lampo.
(Anonimo)

✳

Per essere veramente un grand'uomo, bisogna saper resistere anche al buon senso.
(Fedor Michajlovic Dostoevskij)

✳

Una parola può essere più preziosa di tutti i tesori della terra.
(Inayat Khan)

✳

Se uno sciocco si dichiara tale, gli si crede sulla parola. Se un genio proclama di esserlo, si pretende che lo dimostri.
(Alessandro Morandotti)

❋

Non tracciar confini all'amore: i limiti che vediamo, nascono dal fatto che non conosciamo abbastanza della vita.
(Anonimo)

❋

La buona educazione consiste nel nascondere quanto bene pensiamo di noi stessi e quanto male degli altri.
(Mark Twain)

❋

Tu sei una poesia. Tu sei una sorta di ballata, dolce, semplice, gaia, commovente, che la natura canta.
(Sophia Hawthorne)

❋

Quando due amici si comprendono completamente, le parole sono soavi e forti come profumo di orchidee.
(Lao Tze)

❋

I mulini degli dei macinano molto lentamente, ma macinano molto fine.
(Sesto Empirico)

❋

Chi parla molto non è immune da falli, ecco perché il prudente frena la lingua. (Salomone)

❋

L'abbigliamento è l'espressione della società. (Honoré de Balzac)

❋

Chi non sa popolare la propria solitudine, nemmeno sa star solo in mezzo alla folla affaccendata.
(Charles Baudelaire)

❋

Non servono le parole, non servono nemmeno gli sguardi. Bastano la tua mano nella mia e le nostre dita intrecciate.
(Anonimo)

❋

Le donne imparano con avidità e dimenticano con facilità.
(Abate Ferdinando Galiani)

❋

La prima delle cose necessarie è quella di non spendere quello che non si ha.
(Massimo D'Azeglio)

✻

Il sesso nella vita non è tutto ma quando non riesci più a farlo incominci a morire.
(Anonimo)

✻

Acquisisci nuove conoscenze mentre rifletti sulle vecchie, e forse potrai insegnare ad altri.
(Confucio)

✻

Il mio cuore è così vicino al tuo, che col tuo e il mio si possono fare un sol cuore.
(William Shakespeare)

✻

Il buon nome vale più di grandi ricchezze; la stima, più che l'oro e l'argento.
(Re Salomone)

✻

Non ascoltare i consigli di nessuno. E quindi, nemmeno i miei.
(André Gide)

✻

Non vorrei mai far parte di un club che accettasse tra i suoi soci uno come me.
(Groucho Marx)

---

*

L'apprendere molte cose non insegna
l'intelligenza.
(Eraclito)

*

Non sai che ognuno di noi ha la pretesa di
soffrire molto più degli altri?
(Honoré de Balzac)

*

La sottigliezza non abbandona mai gli uomini
di spirito, specialmente quando sono nel torto.
(Johann Wolfgang Goethe)

*

Nel fare una profonda riverenza a qualcuno si
volta sempre le spalle a qualcun altro.
(Abate Ferdinando Galiani)

*

Molti consigli avrebbero miglior esito, se i loro
destinatari fossero più disposti a recepirli.
(Anonimo)

*

Quello che il bruco chiama la fine del mondo,
il maestro la chiama la nascita di una farfalla.
(Lao Tze)

✻

Camminando, semplicemente cammina.
Stando seduto, semplicemente siedi.
Soprattutto, non tentennare.
(Yun-Men)

✻

Che cosa non mi piace della morte? Forse l'ora.
(Woody Allen)

✻

La puntualità è la virtù di chi si annoia.
(André Breton)

✻

Se cinquanta milioni di persone affermano una
cosa sciocca, essa resta comunque una cosa
sciocca.
(Anatole France)

✻

Si dice che l'appetito vien mangiando, ma in
realtà viene a star digiuni.
(Totò)

✻

L'intelligenza artificiale si definisce come il
contrario della stupidità naturale.
(Woody Allen)

❀

Il segreto per andare d'accordo con le donne è
avere torto.
(Achille Campanile)

❀

Amate, amate, tutto il resto è nulla.
(Jean de La Fontaine)

❀

Non bisogna contraddire una donna. Basta
aspettare: lo farà da sola.
(Humphrey Bogart)

❀

L'uomo perfetto è senza io, l'uomo ispirato è
senza opera, l'uomo santo non lascia nome.
(Zhuangzi)

❀

La lingua può impiccare l'uomo più
velocemente di una corda.
(Charlie Chan)

❀

Se hai un problema e puoi risolverlo è inutile
che ti preoccupi, se non puoi risolverlo è
altrettanto inutile la tua preoccupazione.
(Lao Tze)

❋

C'è una sola cosa orribile al mondo, un solo peccato imperdonabile: la noia.
(Oscar Wilde)

❋

Allontanarsi dal mondo, restare sconosciuti e non avere rimpianti: a questo può arrivare solo l'uomo superiore.
(Confucio)

❋

La felicità è l'assenza della ricerca della felicità.
(Chuang Tzu)

❋

Le uniche ricchezze che avrai per sempre saranno quelle che hai donato.
(Marco Valerio Marziale)

❋

Gli ultimi saranno i primi, ma lo sportello chiude alle 12.
(Corrado Guzzanti)

❋

Anche se sei abile, mostrati inabile; anche se sei capace mostrati incapace.
(Sun Tzu)

❀

Le donne tendono a distruggersi a vicenda: se sei attraente ti bollano come stupida o sgualdrina.
(Megan Fox)

❀

La ragione non è nulla senza l'aiuto dell'immaginazione.
(Renè Descartes)

❀

Il cuore di un uomo superiore è calmo e sereno. Il cuore di un uomo comune è stizzoso e mai a suo agio.
(Confucio)

❀

Ascolta soffice, in un soffio, la voce di chi t'ama fluttuerà nella notte, e nel tuo sonno, i nostri pensieri si congiungeranno.
(Edgar Allan Poe)

❀

Da ogni germoglio nasce un albero con molte fronde. Ogni fortezza si erige con la posa della prima pietra. Ogni viaggio inizia con un solo passo.
(Lao Tze)

❀

Chi vince gli altri è muscoloso, chi vince se stesso è forte.
(Lao Tze)

❀

Frenetiche notti! Se fossi accanto a te, queste notti sarebbero la nostra estasi!
(Emily Dickinson)

❀

L'unica cosa che ferma la caduta dei capelli... è il pavimento!
(Robert Orben)

❀

Alcuni sentono con le orecchie, altri con lo stomaco ed altri ancora con le tasche; ce ne sono poi altri che non sentono affatto.
(Khalil Gibran)

❀

L'acqua troppo pura non ha pesci.
(Ts'ai Ken T'an)

❀

Le cose che sappiamo meglio sono quelle che non abbiamo mai imparato.
(Luc de Vauvenargues)

❋

Quando una donna insiste per l'uguaglianza tra i sessi, sta rinunciando alla propria superiorità.
(Anatole France)

❋

Le mogli dei politici fanno tutte beneficenza. Meno male! Hanno il senso di colpa per quello che rubano i mariti.
(Roberto Benigni)

❋

I politici non mi riguardano: mi ha colpito il fatto che essi facciano una vita da cani senza le buone maniere di un cane.
(Joseph Rudyard Kipling)

❋

Come è nobile chi, col cuore triste, vuol cantare ugualmente un canto felice, tra cuori felici.
(Khalil Gibran)

❋

Quando a scuola la maestra dava una punizione a Baggio, lui chiedeva sempre se era di prima o di seconda.
(Gene Gnocchi)

✵

L'amore è il grande agguato che la natura ha teso agli uomini per propagarne la specie.
(Arthur Schopenhauer)

✵

La saggezza è come un chiaro, fresco stagno, ci si può entrare da ogni parte.
(Nagarjuna)

✵

L'uomo preistorico non rideva mai. Si offendeva e basta.
(Maurizio Milani)

✵

La psicanalisi è un mito tenuto in vita dall'industria dei divani.
(Woody Allen)

✵

Se capisci una cosa nella sua interezza, puoi capire ogni cosa.
(Shunryu Suzuki)

✵

L'amore non possiede né vuole essere posseduto.
(Khalil Gibran)

❋

Il vero sapiente è colui che sa di non sapere.
(Socrate)

❋

Il vero signore è simile a un arciere: se manca
il bersaglio, ne cerca causa in se stesso.
(Confucio)

❋

Fatti non foste per viver come bruti, ma per
seguir virtute e conoscenza.
(Dante Alighieri)

❋

Una persona spesso finisce con l'assomigliare
alla sua ombra.
(Joseph Rudyard Kipling)

❋

Lo zen non è una forma di svago, ma
concentrazione   sulla   nostra   quotidiana
routine.
(Shunryu Suzuki)

❋

Conosci te stesso, poiché il più grande dei
tesori è seppellito dentro di te.
(Helena Petrovna Blavatsky)

❋

Come si può conoscere se stessi? Non mai attraverso la contemplazione, bensì attraverso l'azione.
(Johann Wolfgang von Goethe)

❋

La vita umana è come un pendolo che oscilla incessantemente tra il dolore e la noia, passando per l'intervallo fugace, e per di più illusorio, del piacere e della gioia.
(Arthur Schopenhauer)

❋

Chi è pronto a dar via le proprie libertà fondamentali per comprarsi briciole di temporanea sicurezza non merita né la libertà né la sicurezza.
(Benjamin Franklin)

❋

Chi impara, ma non pensa è perduto. Chi pensa, ma non impara, è in pericolo.
(Confucio)

❋

Il cinismo è semplicemente l'arte di vedere le cose come sono, non quali dovrebbero essere.
(Oscar Wilde)

❀

L'amore è il fiume della vita nel mondo.
(Henry Ward Beecher)

❀

Tutto il nostro sapere ha origine dalle nostre percezioni.
(Leonardo da Vinci)

❀

Coloro che vivono d'amore vivono d'eterno.
(Emile Verhaeren)

❀

Se quelli che dicono male di me sapessero quel che penso di loro, direbbero peggio.
(Sacha Guitry)

❀

La fiducia nella bontà altrui è una notevole testimonianza della propria bontà.
(Michel de Montaigne)

❀

La donna ideale deve soddisfare l'anima, lo spirito, i sensi. Non trovando riuniti i tre requisiti nella stessa persona, è consentito il frazionamento.
(Alessandro Morandotti)

❀

Conosci te stesso! (Socrate)

❀

L'opinione è forse il solo cemento della società. (Cesare Beccaria)

❀

Senza musica, la vita sarebbe un errore. (Friedrich Wilhelm Nietzsche)

❀

Ti amo! E quanto non ti amerò più sarà la fine del mondo. (William Shakespeare)

❀

A parlare male degli altri si fa peccato, ma spesso si indovina. (Giulio Andreotti)

❀

Non aveva per nulla appetito, ma mangiava di tutto. (George Lichtenberg)

❀

Le cose buone ci dispiacciono, quando non ne siamo all'altezza. (Friedrich Wilhelm Nietzsche)

✳

Un uomo privo d'istruzione è un mondo buio.
(Baltasar Graciàn)

✳

I solitari leggono molto, ma parlano poco e poco sentono dire: per loro, la vita è misteriosa.
(Anton Cechov)

✳

Nella vita come sul tram, quando ti siedi sei al capolinea.
(Camillo Sbarbaro)

✳

Ho smesso di fumare: vivrò una settimana di più e in quella settimana pioverà a dirotto.
(Woody Allen)

✳

Sappiamo più cose inutili di quante, necessarie, ne ignoriamo.
(Luc de Vauvenargues)

✳

Il progresso rende la vita più comoda, non più bella.
(Roberto Gervaso)

※

Lasciare una donna amata è segno di fantasia esaurita.
(Hugo von Hofmannsthal)

※

Che cos'è l'avarizia? Un continuo vivere in miseria per paura della miseria.
(San Bernardo)

※

Quanto più grande è il potere tanto più pericoloso è l'abuso.
(Edmund Burice)

※

Nessuno vive perché lo vuole. Ma, una volta che vive, lo deve volere.
(Ernest Bloch)

※

La bellezza è opinabile, sulla bruttezza sono tutti d'accordo.
(Anonimo)

※

Nell'amore non bisogna mai affrettare il piacere.
(Ovidio)

❀

L'uomo buono crede sempre alla bontà di coloro che gli sono vicini.
(William Shakespeare)

❀

Rispondi in maniera intelligente anche a chi ti tratta stupidamente.
(Lao Tzu)

❀

Il massimo che posso fare per un amico è semplicemente essergli amico.
(Henry David Thoreau)

❀

Non è quanto si possiede, ma quando si assapora a fare la felicità.
(Charles Spurgeon)

❀

È nella natura delle donne disprezzare chi le ama e amare chi le detesta.
(Miguel de Cervantes)

❀

L'uomo è tanto più ricco quanto meno costano i suoi piaceri.
(Henry David Thoreau)

❋

Faccio sempre ciò che non so fare, per imparare come va fatto.
(Vincent Van Gogh)

❋

Spesso le grandi imprese nascono da piccole opportunità.
(Demostene)

❋

Intelligenza non è non commettere errori, ma scoprire subito il modo di trarne profitto.
(Bertolt Brecht)

❋

In vecchiaia ci si pente soprattutto dei peccati non commessi.
(William Somerset Maugham)

❋

Io ho lavorato molto. Chiunque si applicherà tanto potrà fare quello che ho fatto.
(Johann Sebastian Bach)

❋

Amare è meglio che essere amati. È molto più sicuro.
(Sacha Guitry)

❋

I sogni si realizzano. Senza questa possibilità, la natura non c'inciterebbe a farne.
(John Updike)

❋

Chi sbaglia la prima asola non si corregge abbottonandosi.
(Johann Wolfgang von Goethe)

❋

La speranza è un rischio da correre.
(George Bernanos)

❋

Anche le super belle vengono tradite: insomma anche una top model può essere cornuta.
(Cindy Crawford)

❋

L'uomo che non ha una buona memoria non dovrebbe mai azzardarsi a mentire.
(Marco Aurelio)

❋

Un uomo deve subire molti castighi per scrivere un libro veramente divertente.
(Ernest Hemingway)

※

L'imitazione è la più sincera forma di adulazione.
(Charles Caleb Colton)

※

Come è gentile per essere una parente: sembra un'estranea!
(Totò)

※

L'uomo è dove è il suo cuore, non dove è il suo corpo.
(Mahatma Gandhi)

※

I giovani hanno più bisogno di esempi che di critiche.
(Joseph Joubert)

※

I vecchi sono come i mobili antichi, meno li sposti e più durano.
(Enzo Ferrari)

※

La fede è come l'amore: non si può ottenerla con la forza.
(Arthur Schopenhauer)

✼

Ascolta la donna quando ti guarda, non quando ti parla.
(Kahlil Gibran)

✼

L'uomo è la sola creatura che si rifiuta di essere quello che è.
(Albert Camus)

✼

Chi non bada a ciò che mangia difficilmente baderà a qualsiasi altra cosa.
(Samuel Johnson)

✼

Un'infarinatura di tutto è di nulla un'esatta conoscenza.
(Charles Dickens)

✼

Ho il corpo di un diciottenne. Lo tengo in frigo.
(Spike Milligan)

✼

Un'amante cessa di essere tale quando comincia a stirarci le camice.
(Roberto Gervaso)

✳

Io sono contro i rapporti prematrimoniali.
Fanno arrivare tardi in chiesa.
(Woody Allen)

✳

Un piacere senza rischi piace meno. (Ovidio)

✳

L'appetito rende saporite tutte le vivande.
(Paolo Mantegazza)

✳

Non c'è virtù che possa essere al sicuro dalla
tentazione.
(Immanuel Kant)

✳

La bellezza salverà il mondo.
(Fedor Michajlovic Dostoevskij)

✳

Tutto ciò che è profondo ama la maschera.
(Friedrich Wilhelm Nietzsche)

✳

Agire secondo giustizia. Sorprenderete alcuni
e stupirete tutti gli altri.
(Mark Twain)

❋

Raro cade chi ben cammina.
(Leonardo da Vinci)

❋

Non assomigli più a nessuna da quando ti
amo. (Pablo Neruda)

❋

Le donne, come i sogni, non sono mai come tu
le vorresti.
(Luigi Pirandello)

❋

Gli uomini non sospettano le colpe che essi
stessi non commettono.
(Samuel Johnson)

❋

Se temete la solitudine non sposatevi.
(Anton Cechov)

❋

Ama la verità, ma perdona l'errore. (Voltaire)

❋

Chi vuol muovere il mondo prima muova se
stesso.
(Socrate)

❈

Un alleato deve essere sorvegliato proprio come un nemico.
(Lev Nikolaevic Tolstoj)

❈

L'intelligenza è invisibile per l'uomo che non ne possiede.
(Arthur Schopenhauer)

❈

Il saggio muta consiglio, ma lo stolto resta della sua opinione.
(Francesco Petrarca)

❈

Nulla è più pericoloso di un'idea, quando è l'unica che abbiamo.
(August Alain)

❈

Il debole in coraggio è forte in astuzia.
(William Blake)

❈

Noi siamo resi felici o infelici, non dalle circostanze della vita, ma dal nostro atteggiamento verso di esse.
(Inayat Khan)

※

L'esperto è una persona che ha fatto in un campo molto ristretto tutti i possibili errori.
(Niels Bohr)

※

Il coraggio muore una volta, il codardo cento volte al giorno.
(Giovanni Falcone)

※

Un innamorato senza indiscrezione non è affatto un innamorato.
(Thomas Hardy)

※

Tutti coloro che sono incapaci di imparare si sono messi a insegnare.
(Oscar Wilde)

※

Le conseguenze della collera sono molto più gravi delle sue cause.
(Marco Aurelio)

※

Aldo Biscardi è uno che fa errori di grammatica anche quando pensa.
(Beppe Grillo)

✳

Per dimagrire bisogna bruciare di più, molti suggeriscono la cyclette. Io l'ho comprata, l'ho pure bruciata, ma non sono dimagrito.
(Gabrielle Cirilli)

✳

Da ragazzo i miei continui e disinteressati slanci di altruismo mi diedero la fama di buono. Da grande quella di fesso.
(Massimo Troisi)

✳

Le sconfitte non hanno grande importanza nella vita; la più grande disgrazia è quella di restare fermi.
(Inayat Khan)

✳

Non c'è male peggiore del non sapersi contentare, non c'è peccato più grande della brama d'avere. Chi sa bastare a se stesso è soddisfatto.
(Lao Tze)

✳

Non pentirti di quello che hai fatto se quando lo hai fatto eri felice...
(Anonimo)

❋

Mi è capitato spesso di finire su un calendario.
Ma mai per una data precisa.
(Marilyn Monroe)

❋

Tra la verità e la menzogna c'è la somiglianza
che corre fra la persona e la sua ombra; ma,
mentre la prima ha vita, la seconda non ne ha.
(Inayat Khan)

❋

Il vero male è l'indifferenza.
(Madre Teresa di Calcutta)

❋

Imparare senza pensare è fatica perduta;
pensare senza imparare è pericoloso.
(Confucio)

❋

In amore non amare troppo è un mezzo sicuro
per essere amati.
(Francoise de La Rochefoucauld)

❋

Prima di amare, io non ho mai vissuto
pienamente.
(Emily Dickinson)

✳

L'uomo è come il vino: non tutti invecchiando migliorano, alcuni inacidiscono.
(Eugenio Montale)

✳

L'amore può durare una vita, come l'ergastolo.
(Fabio Fazio)

✳

Ma tra un giorno da leone e cento da pecora, non se ne potrebbe fare cinquanta da orsacchiotti?
(Massimo Troisi)

✳

Non cercare le orme dei savi di un tempo; cerca ciò che essi cercavano.
(Lin-Chi)

✳

Ognuno ha il suo prezzo. Io ho anche lo sconto.
(Altan)

✳

L'eleganza non consiste nell'indossare un vestito nuovo.
(Coco Chanel)

❈

Rimandare è meglio che sbagliare.
(Thomas Jefferson)

❈

Non è una cosa incomparabile che il saggio regoli le proprie azioni anche quando non vi sono testimoni?
(Anonimo)

❈

Nessuno conosce le proprie possibilità finché non le mette alla prova.
(Publilio Siro)

❈

L'entità dell'errore è commisurata alla statura di chi lo commette.
(Alessandro Morandotti)

❈

Voce di popolo, voce di Dio.
(Publio Virgilio Marone)

❈

Grembiule nero e fiocco azzurro: per un bambino milanista il primo giorno di scuola è un trauma.
(Diego Abatantuono)

❋

L'unico modo giusto di fare è essere.
(Lao Tzu)

❋

Le uova sono troppo dolci? Che le devo dire?
Saranno uova di Pasqua!
(Totò)

❋

Puoi amare solo quando sei felice dentro di te.
L'amore non può venir aggiunto dall'esterno.
Non è un indumento che puoi indossare.
(Osho Rajneesh)

❋

Mi basta un solo bicchierino per ubriacarmi. Il
problema è che non mi ricordo se è il
trentesimo o il quarantesimo.
(George Burns)

❋

Le urla sono le ragioni di coloro che hanno
torto.
(Jean Jacques Rousseau)

❋

Chi vede il giusto e non lo fa, è senza coraggio.
(Confucio)

❋

Bevo soltanto per far sembrare gli altri più interessanti.
(George Jean Nathan)

❋

Se un uomo vuole essere certo della strada da percorrere, deve chiudere gli occhi e procedere al buio.
(Fen-Yang)

❋

In un mare calmo ogni uomo è pilota.
(John Ray)

❋

È difficile stabilire la linea che separa gli affari dal furto.
(Jean Luc Godard)

❋

L'ignoranza è la notte della mente, ma una notte senza luna né stelle.
(Confucio)

❋

Quando gli uomini smettono di dire cose belle, smettono anche di pensarle.
(Oscar Wilde)

✻
Quando l'intelligenza aumenta, le parole diminuiscono.
(proverbio arabo)

✻
Gli spiriti della verità e della libertà sono i pilastri della società.
(Henrik Ibsen)

✻
Tante volte ho dovuto smettere di parlare, per capire ciò che veramente pensavo.
(Walter Lippmann)

✻
Lo stupido dice quello che sa, il saggio sa quello che dice.
(motto rabbinico)

✻
Se il tuo scopo è grande e i tuoi mezzi piccoli, agisci comunque; perché solo con l'azione essi possono crescere in te.
(Aurobindo)

✻
L'arte è o plagio o rivoluzione.
(Paul Gauguin)

❋

Il comico è riso, l'umorismo sorriso.
(Carlo Dossi)

❋

Era un uomo così antipatico, che dopo la sua morte i parenti chiesero il bis.
(Totò)

❋

Quando la fortuna lusinga lo fa per tradire.
(Publilio Siro)

❋

Tra le cose sicure, la più sicura è il dubbio.
(Bertolt Brecht)

❋

Chi cerca conferme le trova sempre.
(Karl Raimund Popper)

❋

La grazia, è più bella che la bellezza.
(Jean de La Fontaine)

❋

Le cose si ottengono quando non si desiderano più.
(Cesare Pavese)

✳

Una parola calda, riscalda tre stagioni fredde.
(proverbio giapponese)

✳

La violenza è realmente espressione di un
interiore senso di debolezza. La violenza è
l'espressione della paura.
(Mahatma Gandhi)

✳

Per una volta vorrei entrare nella tua testa per
provare la sensazione del vuoto assoluto.
(Trettrè)

✳

Ho cercato di impiccarmi. Ma non ce l'ho
fatta… ogni volta mi sentivo soffocare.
(Zuzzurro e Gaspare)

✳

Resistere nel corso della vita come una roccia
nel mare, imperturbabile e irremovibile di
fronte alle onde incessanti.
(Inayat Khan)

✳

Il successo copre una miriade di errori.
(George Bernard Shaw)

❉

Il modo più veloce di finire una guerra è perderla.
(George Orwell)

❉

L'uomo grande è uno che perde il suo cuore di bimbo.
(Meng-Tzu)

❉

Ci si aspetta di tutto, ma non si è preparati a nulla.
(Madame Swetchine)

❉

Nessuno può insegnarvi nulla, tranne ciò che già sonnecchia nei prati della vostra conoscenza.
(Kahlil Gibran)

❉

Amare non significa trovare la perfezione, ma perdonare terribili difetti.
(Rosamunde Pilcher)

❉

Il potere non si prende, si raccatta.
(Charles De Gaulle)

❈

Le donne immorali ti irritano, le donne buone ti annoiano.
(Oscar Wilde)

❈

Tutti i nodi vengono al pettine: quando c'è il pettine.
(Leonardo Sciascia)

❈

Dopo un grande dolore, arriva un sentimento formale.
(Emily Dickinson)

❈

Credete a chi cerca la verità, non credete a chi la trova.
(André Gide)

❈

Sembra di esser meno disgraziati, quando non di è soli a soffrire.
(Voltaire)

❈

La virtù è ancor più gradita se splende in un bel corpo.
(Virgilio)

❀

Non c'è uomo che non mangi e non beva; pochi, però, sono quelli che apprezzano il buon sapore.
(Anonimo)

❀

Gli uomini che meglio riescono a stare con le donne sono gli stessi che sanno starci benissimo senza.
(Charles Baudelaire)

❀

L'Italia va verso un clima tropicale. Così oltre alla Repubblica delle Banane avremo anche le banane.
(Sergio Staino)

❀

Finché il 'me' sopravvivrà in qualunque forma, sottile o grossolana, ci sarà sempre violenza.
(Krishnamurti)

❀

Tu vali molto più di quel che pensi. Il tuo lavoro e la tua presenza su questa terra sono importanti, anche se non ci credi…
(antilegge di Jante di Paulo Coelho)

✻

La prima volta mi sono sposata per incoscienza, la seconda per amore, la terza per denaro, la quarta per abitudine.
(Barbra Streisand)

✻

L'uomo è l'unico animale che arrossisce, ma è l'unico ad averne bisogno.
(Mark Twain)

✻

Chi cade nell'acqua è forza che si bagni.
(Giovanni Verga)

✻

Troppo cibo rovina lo stomaco, troppa saggezza l'esistenza.
(Alessandro Morandotti)

✻

L'uomo saggio agisce prima di parlare ed in seguito parla secondo la sua azione.
(Confucio)

✻

La legge è uguale per tutti. Basta essere raccomandati.
(Marcello Marchesi)

❋

Belle parole e una vistosa apparenza raramente sono associate alla vera virtù.
(Confucio)

❋

Faccio la tv per non essere costretto a guardarla.
(Piero Chiambretti)

❋

Che strana creatura l'essere umano: brancola nel buio con espressione intelligente!
(Kodo Sawaki Roshi)

❋

Il lavoro ti porta via buona parte della vita privata. E anche la vita.
(Piero Chiambretti)

❋

Gli uomini sono come i libri: hanno un inizio, una parte centrale e una fine…
(Pamela Anderson)

❋

Tre persone possono tenere un segreto, se due di loro sono morte.
(Benjamin Franklin)

✳

Sfuggo ciò che m'insegue. Ciò che mi sfugge inseguo.
(Orazio)

✳

Tutti diciamo che il tempo passa. E non ci accorgiamo che siamo noi a passare.
(Anonimo)

✳

Sono le circostanze a dominare l'uomo, non l'uomo le circostanze.
(Erodoto)

✳

Siamo lieti che ci abbia scelti per vederla crescere nei prossimi anni.
(Seal (cantante) per la nascita della figlia)

✳

I fiori sulla tomba del nemico hanno un profumo inebriante.
(Stanislaw Jerzy Lec)

✳

L'uomo supera l'animale con la parola, ma col silenzio supera se stesso.
(Paul Masson)

✻

Dire ad un parrucchiere "fai tu" è come fare bungee jumping senza elastico.
(Luciana Littizzetto)

✻

Una potenza non consiste nel colpire forte o spesso, ma nel colpire giusto.
(Honoré de Balzac)

✻

In tanti mi chiedono come sarà il mio futuro: francamente non lo so, comunque spero tanto che ci sia.
(Roberto Saviano)

✻

Noi siciliani ci siamo rimboccati le maniche e abbiamo fatto Milano! Ma se siete venuti in canottiera!
(Aldo, Giovanni e Giacomo)

✻

Non sprecare lacrime nuove per vecchi dolori.
(Euripide)

✻

Il sesso è vita: non deve essere un tabù.
(Caterina Murino)

❋

L'uomo che sa ben parlare non vale quello che sa ascoltare con attenzione.
(detto Zen)

❋

Il nucleo della conoscenza è questo: se la possiedi, applicala; se non la possiedi, confessa la tua ignoranza.
(Confucio)

❋

Potete visitare tutta la Terra, ma non troverete in alcun luogo la vera religione. Essa non esiste che nel nostro cuore.
(Ramakrishna)

❋

Il saggio è quadrato senz'angoli, angolo senza punta, dritto ma flessibile, splendente senza abbagliare.
(Lao Tse)

❋

In mezzo può essere paragonato a un seme, il fine a un albero; tra mezzo e la fine vi è lo stesso inviolabile nesso che c'è tra seme e albero.
(Mahatma Gandhi)

꙳

Sono esploratori cattivi quelli che pensano che non ci sia terra se vedono solo mare.
(Francesco Bacone)

꙳

Chi non ama le donne, il vino e il canto è solo un matto non un santo!
(Arthur Schopenhauer)

꙳

Coloro che fuggono la tentazione di solito le lasciano il loro nuovo indirizzo.
(Lane Olinghouse)

꙳

Mai ti è dato un desiderio senza che ti sia dato anche il potere di realizzarlo.
(Richard Bach)

꙳

Una stanza senza libri è come un corpo senz'anima.
(Cicerone)

꙳

Dio ci ha dato la vita, tocca a noi darci alla bella vita.
(Anonimo)

※

A tavola perdonerei chiunque... anche i miei parenti.
(Oscar Wilde)

※

L'incompetenza si manifesta con l'uso di troppe parole.
(Ezra Weston Loomis Pound)

※

Dubitare di se stessi è il primo segno d'intelligenza
(Ugo Ojetti)

※

I nonni nella famiglia sono i depositari e spesso i testimoni dei valori fondamentali della vita.
(Papa Benedetto XVI)

※

La vita è ciò che si fa di essa.
(Anonimo)

※

L'unica differenza tra me e un pazzo è che io non sono pazzo.
(Salvador Dalì)

*
Più mi dicono che sono un dio, più mi sento una schifezza.
(Vasco Rossi)

*
Si è veramente savi soltanto nelle cose che ci interessano poco.
(Madame d'Arconville)

*
La vecchiaia non è così male se considerate l'alternativa.
(Maurice Chevalier)

*
L'aforisma è il tentativo di risolvere dialetticamente il conflitto tra esperienza e riflessione.
(Alessandro Morandotti)

*
Si ama solo ciò che non si possiede del tutto.
(Marcel Proust)

*
La stupidità arriva quando non ti interessi più a quello che ti circonda.
(Diane Kruger)

❋

Vorrei vivere fino a 200 anni, ma con una bicicletta e una bella bionda in sella con me.
(Piero Angela)

❋

Non ci trovo niente di male a posare nudi: del resto Dio non ci ha mica creati vestiti.
(Mila Jovovich)

❋

In principio era il verbo, il complemento oggetto venne molto dopo.
(Giobbe Covatta)

❋

Un viaggio di scoperta non è cercare nuove terre ma avere nuovi occhi.
(Andrea Pazienza)

❋

Le donne che vogliono l'uguaglianza con gli uomini mancano di ambizione.
(Anonimo)

❋

Il denaro non dà la felicità, figuriamoci la miseria.
(Woody Allen)

❀

Le malattie sono più intelligenti di noi:
trovano la risposta ai nostri problemi molto
prima della ragione.
(Anonimo)

❀

Al geloso basta il sospetto per essere felice.
(Barbara Alberti)

❀

È facile fare domande difficili. Difficile è dare
risposte facili.
(Alessandro Morandotti)

❀

L'approvazione degli altri è uno stimolante,
del quale talvolta è bene diffidare.
(Paul Cézanne)

❀

Dio ha creato ciascun essere umano in vista di
una cosa più grande: amare ed essere amato.
(Madre Teresa di Calcutta)

❀

Non bisogna temere la morte, ma piuttosto la
strada che ci conduce ad essa.
(Anonimo)

✳

Ciò che è scritto senza sforzo è generalmente letto senza piacere.
(Samuel Johnson)

✳

Quando una donna dichiara di stimare un uomo è sottinteso che non lo ama.
(Alessandro Morandotti)

✳

Più studiamo, più scopriamo la nostra ignoranza.
(Percy Blysse Shelley)

✳

La vera felicità è la pace con se stessi. E, per averla, non bisogna tradire la propria natura.
(Mario Monicelli)

✳

Questa è la più amara sofferenza per un uomo: avere molta conoscenza, ma nessun potere.
(Erodoto)

✳

Non ci si libera di una cosa evitandola ma soltanto attraversandola.
(Cesare Pavese)

❋

Se potessi non andrei mai a dormire. Quando riapro gli occhi, devo cominciare tutto da zero: mi ci vogliono due, tre ore per ricostruirmi completamente.
(Vasco Rossi)

❋

La musica, intesa come espressione del mondo, è una lingua universale al massimo grado, e la sua universalità sta all'universalità dei concetti più o meno come i concetti stanno alle singole cose.
(Arthur Schopenhauer)

❋

Dicono che la filosofia è la medicina dell'anima. Ammettiamolo. Ma insieme, ammettendone anche le sue conseguenze, diremo che la filosofia come la medicina è per i malati e non per i sani. Come la medicina poi è un veleno e ogni veleno, se in breve quantità, giova, in grande uccide.
(Carlo Dossi)

❋

Bevi la vita a grandi sorsi, perché quando sarà finita, non ti sarà bastata.
(Anonimo)

❀

Ricco è colui che basta a se stesso.
(Lao Tse)

❀

Il cane fedele non ha bisogno di guinzaglio.
(Marco Resti)

❀

Cerca di ottenere ciò che ami altrimenti sarai
costretto ad amare ciò che ottieni.
(Anonimo)

❀

Caso, è forse lo pseudonimo di Dio quando
non voleva firmare.
(Anatole France)

❀

La madre di tutti i mali russi è l'ignoranza, che
sussiste in egual misura in tutti i partiti, in
tutte le tendenze.
(Anton Cechov)

❀

Ciò che c'è di pericoloso nell'amore è il fatto
che è delitto nel quale non si può fare a meno
di un complice.
(Charles Baudelaire)

＊

Ciò che ci attendiamo non capita quasi mai. Generalmente capita ciò che meno ci aspettiamo.
(Benjamin Disraeli)

＊

Al povero manca spesso il fuoco, all'avaro manca tutto.
(proverbio cinese)

＊

Si usa uno specchio di vetro per guardare il viso e si usano le opere d'arte per guardare la propria anima.
(George Bernard Shaw)

＊

La vita è una torta bellissima, straordinaria, però è fatta di merda, e prima o poi ti tocca la tua fetta.
(Anonimo)

＊

L'amore nasce per appetito, dura per fame e muore per sazietà.
(Alessandro Morandotti)

*
Bussano al cielo e ascolta il suono.
(detto Zen)

*
Non vi é felicità più grande, che vedere la
felicità negli occhi dell'amato.
(Anonimo)

*
Della vita l'unica cosa che si lascia è il ricordo
nelle persone che ti hanno conosciuto!
(Anonimo)

*
Molte delle persone che desiderano
l'immortalità, non sanno cosa fare in un
pomeriggio di pioggia.
(Anonimo)

*
È solo quando cominci a temere davvero la
morte, che impari ad apprezzare la vita.
(Dal film "LEON")

*
C'è un solo modo di dimenticare il tempo:
impiegarlo.
(Charles Baudelaire)

❋

Se le mogli fossero una bella cosa, Dio ne avrebbe una.
(Proverbio Afgano)

❋

Si è giovani finché i progetti superano i ricordi.
(Anonimo)

❋

La vita è la più monotona delle avventure, finisce sempre allo stesso modo...
(Roberto Gervaso)

❋

Ci vuole tutta una vita per capire che non è necessario capire tutto.
(proverbio cinese)

❋

Ogni miserabile babbeo, che non abbia al mondo nulla di cui poter essere orgoglioso, si appiglia all'ultima risorsa per esserlo, cioè alla nazione cui appartiene: in tal modo egli si rinfranca ed è ora pieno di gratitudine e pronto a difendere con le unghie e con i denti tutti i difetti e tutte le stoltezze caratteristiche di quella nazione.
(Arthur Schopenhauer)

Mini biografie dei personaggi

A

Abate Ferdinando Galiani
(Chieti 1728 - Napoli 1787) Visse moltissimi
anni in Francia. Scrittore, economista e filosofo
italiano e francese.

Achille Campanile
(Roma 1889 - Lariano 1977) Scrittore,
giornalista e drammaturgo italiano.

Albert Camus
(Mondovì (Algeria) 1913 - Villeblevin
(Francia) 1960) Giornalista, Scrittore. Morì in
un gravissimo incidente automobilistico. Nel
1957 gli venne assegnato il Premio Nobel per
la letteratura.

Aldo, Giovanni & Giacomo
È il nome d'arte di un popolare trio comico di
attori e registi teatrali, televisivi e
cinematografici italiani. Il trio è formato da
Cataldo Baglio (1958), **Giovanni Storti** (1957)
e **Giacomo Poretti** (1956).

Alessandro Morandotti
(1958 – vivente), storico dell'arte italiano.

Alexandre Dumas padre
(1802 - 1870) Scrittore francese. Maestro del

romanzo storico e del teatro romantico. Le sue tre opere letterarie più note, *La Regina Margot*, *I tre moschettieri* e *Il conte di Montecristo*.

Altan
vero nome **Francesco Tullio Altan**
(1942 - vivente) è un autore di fumetti, disegnatore, sceneggiatore e autore satirico italiano. Creatore della cagnolina *Pimpa*, uno dei suoi personaggi più riusciti e famosi, che sarà pubblicato inizialmente sul Corriere dei Piccoli.

Anatole France
All'anagrafe **François-Anatole Thibault**; (Parigi, 16 aprile 1844 – Saint-Cyr-sur-Loire, 12 ottobre 1924) è stato uno scrittore francese, Premio Nobel per la letteratura nell'anno 1921.

André Breton
(Tinchebray, 19 febbraio 1896 – Parigi, 28 settembre 1966) è stato uno scrittore, poeta e critico d'arte francese. Noto come poeta e teorico del surrealismo, che favorì con la stesura dei manifesti e curando riviste, mostre e incontri.

André Gide
(Parigi, 22 novembre 1869 – Parigi, 19 febbraio

1951) è stato uno scrittore francese, premio Nobel per la letteratura nel 1947.

Andrea Pazienza
(23 maggio 1956 - 17 giugno 1988) Fumettista italiano. Disegna inoltre manifesti di cinema e di teatro, scenografie, costumi e abiti per stilisti, cartoni animati, copertine di dischi, pubblicità.

Anton Cechov
(29 gennaio 1860 - 2 luglio 1902) scrittore e drammaturgo e medico russo.

Archimede
Detto anche **Archimede di Siracusa**
(Siracusa, circa 287 a.C. – Siracusa, 212 a.C.) è stato un matematico, astronomo, fisico e inventore greco antico. È uno dei massimi scienziati della storia. Conosciuto a tutti per due esclamazioni: "héureka!, ho trovato!" e "datemi un punto d'appoggio e vi solleverò il mondo".

Arthur Schopenhauer
(Danzica, 22 febbraio 1788 – Francoforte sul Meno, 21 settembre 1860) è stato un filosofo prussiano.

August Alain
Vero nome **Émile-Auguste Chartier** (Mortagne-au-Perche, 3 marzo 1868 – Le Vésinet, 2 giugno 1951) è stato un filosofo, giornalista, scrittore e professore francese.

Aurobindo
Vero nome **Sri Aurobindo** (Calcutta, 15 agosto 1872 – Pondicherry, 5 dicembre 1950), è stato un filosofo e mistico indiano, considerato dai suoi discepoli un avatar, un'incarnazione dell'Assoluto. Poeta, scrittore e maestro di yoga, si distinse anche per il suo impegno politico in favore dell'indipendenza dell'India.

B

Baltasar Gracian
vero nome: **Baltasar Gracián y Morales**
(Belmonte de Gracián, 8 gennaio 1601 –
Tarazona, 6 dicembre 1658) è stato un gesuita,
scrittore e filosofo spagnolo.

Barbara Alberti
(Umbertide, 11 aprile 1943) è una scrittrice,
giornalista e sceneggiatrice italiana.

Barbra Streisand
nome d'arte di **Barbara Joan Streisand**
(New York, 24 aprile 1942), è una cantante, attrice,
compositrice e regista nonché produttrice
cinematografica statunitense.

Benjamin Disraeli
Primo Conte di Beaconsfield (Londra, 21
dicembre 1804 – Londra, 19 aprile 1881), è
stato un politico e scrittore britannico.

Benjamin Franklin
(Boston, 17 gennaio 1706 – Filadelfia, 17 aprile
1790) è stato uno scienziato e politico
statunitense.

Beppe Grillo
vero nome **Giuseppe Piero Grillo,**

(Genova, 21 luglio 1948), è un comico, attore, attivista politico e blogger italiano.

Bertolt Brecht
(Augsburg (Baviera) 1898 - Berlino 1956) Drammaturgo tedesco del Novecento.

C

Camillo Sbarbaro
(Santa Margherita Ligure, 12 gennaio 1888 – Savona, 31 ottobre 1967) è stato un poeta e scrittore italiano.

Carlo Dossi
(27 marzo 1849 - 19 novembre 1910) politico, diplomatico, archeologo e scrittore italiano.

Caterina Murino
(Cagliari, 15 settembre 1977) attrice, modella e showgirl italiana.

Cesare Beccaria, marchese di Beccaria
(Milano, 15 marzo 1738 – Milano, 28 novembre 1794) fu un giurista, filosofo, economista, letterato italiano, figura di spicco dell'Illuminismo, legato agli ambienti intellettuali milanesi.

Cesare Pavese
(9 settembre 1908 - 27 agosto 1950) scrittore italiano.

Charles Baudelaire
(9 aprile 1821 - 31 agosto 1867) scrittore francese.

Charles Caleb Colton
(1780 - 1832), scrittore collezionista eccentrico britannico.

Charles De Gaulle
vero nome **Charles André Joseph Marie de Gaulle** (Lilla, 22 novembre 1890 - Colombey-les-deux-Églises, 9 novembre 1970) è stato un generale e politico francese. Come militare prese parte a entrambe le guerre mondiali. Diversi anni dopo la guerra divenne il presidente della quinta Repubblica francese dal 1959 al 1969.

Charles Dickens
vero nome **Charles John Huffam Dickens** (Landport, 7 febbraio 1812 - Gadshill, 9 giugno 1870), è stato uno scrittore britannico. Noto tanto per le sue prove umoristiche (*Il Circolo Pickwick*) quanto per i suoi romanzi sociali (*Oliver Twist, David Copperfield, Tempi difficili*), è considerato uno dei più importanti romanzieri di tutti i tempi.

Charles Spurgeon
vero nome **Charles Haddon Spurgeon** (Kelvedon, 1834 - 1892), è stato un predicatore battista riformato britannico dell'800 la cui influenza continua a rimanere oggi molto grande fra cristiani riformati di diversa

denominazione, fra i quali è ancora conosciuto come "*il principe dei predicatori*".

Charlie Chan
è un personaggio di fantasia protagonista di una serie di sei romanzi dello scrittore **Earl Derr Biggers**. Il primo romanzo in cui appare è Charlie Chan e la casa senza chiavi del 1925.

Chuang Tzu
conosciuto come Maestro **Zhuangzi** (369 A.C. - 286 A.C.) E stato un filosofo e mistico cinese. Successivamente considerato tra i fondatori del *Daoismo*, per *metonimia* si indica con il suo nome anche il testo filosofico a lui attribuito.

Cicerone
vero nome **Marco Tullio Cicerone** (Arpinum, 3 gennaio 106 a.C. – Formiae, 7 dicembre 43 a.C.) fu un celebre filosofo, avvocato e scrittore romano, nonché uomo politico dell'ultimo periodo della Repubblica Romana.

Cindy Crawford
vero nome **Cynthia Ann Crawford** (DeKalb, 20 febbraio 1966), è una supermodella e attrice statunitense.

Coco Chanel,
pseudonimo di **Gabrielle Bonheur Chanel** (Saumur, 19 agosto 1883 – Parigi, 10 gennaio 1971), è stata una celebre stilista francese, capace con la sua opera di rivoluzionare il concetto di femminilità e di imporsi come figura fondamentale del fashion design e della cultura popolare del XX secolo.

Confucio
Kǒngzǐ o **Kǒng Fūzǐ** - Maestro **Kong** (28 settembre 551 a.C. – 479 a.C.) è stato un filosofo cinese. La sua speculazione filosofica ha dato origine ad una intera tradizione culturale, il *Confucianesimo*: i suoi insegnamenti hanno influenzato profondamente il pensiero e lo stile di vita cinese, coreano, giapponese e vietnamita.

Corrado Guzzanti
(Roma 17 maggio 1965 - vivente) imitatore, conduttore italiano

D

Dante Alighieri
(Firenze, tra il 22 maggio ed il 13 giugno 1265 - Ravenna, 14 settembre 1321) fu un poeta, scrittore e politico italiano. Considerato il padre della lingua italiana, è l'autore della *Comedìa*, divenuta celebre come *Divina Commedia* e universalmente considerata la più grande opera scritta in italiano e uno dei più grandi capolavori della letteratura

Demostene
(Atene, 384 a.C. - Calauria, 322 a.C.) fu un politico e oratore greco antico, grande avversario di Filippo II di Macedonia e uno dei dieci grandi oratori attici.

Diane Kruger
pseudonimo di **Diane Heidkrüger** (Algermissen, 15 luglio 1976), è un'attrice tedesca.

Diego Abatantuono
(Milano, 20 maggio 1955) è un attore, comico, sceneggiatore, e conduttore televisivo italiano.

E

Edgar Allan Poe
(Boston, 19 gennaio 1809 – Baltimora, 7 ottobre 1849) fu uno scrittore e poeta statunitense, considerato tra le figure più importanti della letteratura americana, inventore del racconto poliziesco e del giallo psicologico.

Edmund Burice
noto come **Edmund Burke**, detto il Cicerone britannico (Dublino, 12 gennaio 1729 – Beaconsfield, 9 luglio 1797), è stato un politico, filosofo e scrittore britannico, di origine irlandese.

Emile Verhaeren
(21 maggio 1855 – 27 novembre 1916) è stato un poeta belga. Fu un poeta di lingua francese, tra i maggiori esponenti della scuola poetica del simbolismo minore. Fu uno tra i poeti più prolifici della sua epoca.

Emily Dickinson
vero nome **Emily Elizabeth Dickinson** (Amherst, 10 dicembre 1830 – Amherst, 15 maggio 1886) è stata una poetessa statunitense. È considerata tra i maggiori lirici del XIX secolo.

Enzo Ferrari
vero nome **Enzo Anselmo Ferrari**
(Modena, 18 febbraio 1898 - Maranello, 14 agosto 1988) fu un pilota automobilistico e imprenditore italiano, fondatore della Casa automobilistica che porta il suo nome.

Eraclito
(Efeso ca. 520 - ca. 460 a.c.) Pensatore e filosofo greco, discendeva dai re di Efeso.

Ernest Bloch
(Ginevra, 24 luglio 1880 - Portland, 15 luglio 1959) è stato un compositore e violinista svizzero naturalizzato statunitense, noto per aver ripreso molti temi caratteristici della musica ebraica.

Ernest Hemingway
vero nome **Ernest Miller Hemingway**
(Oak Park, 21 luglio 1899 - Ketchum, 2 luglio 1961) è stato uno scrittore statunitense. Fu romanziere, autore di racconti brevi e giornalista.

Erodoto
(Alicarnasso, 484 a.C. - Thurii, 425 a.C.) è stato uno storico greco antico, famoso per aver descritto paesi e persone da lui conosciute in numerosi viaggi.

Eugenio Montale
(Genova, 12 ottobre 1896 – Milano, 12 settembre 1981) è stato un poeta, giornalista e critico musicale italiano, premio Nobel per la letteratura nel 1975.

Euripide
(Salamina, 23 settembre 480 a.C. – Pella, 406 a.C.) fu un drammaturgo greco antico. È considerato, insieme ad Eschilo e *Sofocle*, uno dei maggiori poeti tragici greci.

Ezra Weston Loomis Pound
(Hailey, 30 ottobre 1885 – Venezia, 1° novembre 1972), è stato un poeta statunitense che visse per lo più in Europa e fu uno dei protagonisti del modernismo e della poesia di inizio XX secolo.

D

Fabio Fazio
(Savona, 30 novembre 1964) è un conduttore televisivo italiano.

Fedor Michajlovic Dostoevskij
(Mosca, 11 novembre 1821 – San Pietroburgo, 28 gennaio 1881), è stato uno scrittore e filosofo russo. È considerato uno dei più grandi romanzieri russi dell'Ottocento e in generale di ogni tempo.

Fen-Yang
vero nome **Yang Shan Chao**
(947-1024) filosofo e maestro dell'arte *Zen*. Sviluppo il *kung* come studio del *Ch'an*.

Francesco Bacone
Sir **Francis Bacon,** dapprima latinizzato in **Franciscus Baco(nus)** e poi italianizzato in **Francesco Bacone** (Londra, 22 gennaio 1561 – Londra, 9 aprile 1626), è stato un filosofo, politico e saggista inglese.

Francesco Petrarca
(Arezzo, 20 luglio 1304 – Arquà, 19 luglio 1374) è stato uno scrittore, poeta e umanista italiano.

François de La Rochefoucauld
(Parigi, 15 settembre 1613 – Parigi, 17 marzo 1680) è stato uno scrittore e filosofo francese, il più grande scrittore di massime, e forse il rappresentante più completo dell'antica nobiltà.

Friedrich Wilhelm Nietzsche
(Röcken, 15 ottobre 1844 – Weimar, 25 agosto 1900) è stato un filosofo e scrittore tedesco.

G

Gabrielle Cirilli
(Sulmona (AQ) 12 giugno 1967 - vivente)
attore e comico italiano

Gene Gnocchi
pseudonimo di **Eugenio Ghiozzi**
(Fidenza, 1 marzo 1955), è un comico,
conduttore televisivo e calciatore italiano.

George Bernard Shaw
(Dublino, 26 luglio 1856 – Ayot St Lawrence, 2
novembre 1950) è stato uno scrittore e
drammaturgo irlandese.

George Burns
pseudonimo di **Nathan Birnbaum**
(New York, 20 gennaio 1896 – Los Angeles, 9
marzo 1996), è stato un comico e attore
statunitense. Vinse il premio Oscar al miglior
attore non protagonista nel 1976 per
l'interpretazione ne I ragazzi irresistibili.

George Jean Nathan
(1882 – 1958), critico letterario ed editore
statunitense.

George Lichtenberg
vero nome **Georg Christoph Lichtenberg** (Oberramstadt, Darmstadt, 1 luglio 1742 – Gottinga, 24 febbraio 1799) è stato un fisico, scrittore e anglofilo tedesco. È molto noto soprattutto per i suoi aforismi.

George Orwell
pseudonimo di **Eric Arthur Blair** (Motihari, 25 giugno 1903 – Londra, 21 gennaio 1950), è stato uno scrittore e giornalista britannico.

Georges Bernanos
(Parigi, 20 febbraio 1888 – Neuilly-sur-Seine, 5 luglio 1948) è stato uno scrittore francese.

Giobbe Covatta
pseudonimo di **Gianmaria Covatta** (Taranto, 11 giugno 1956), è un comico, attore e scrittore italiano.

Giovanni Falcone
(Palermo, 18 maggio 1939 – Isola delle Femmine, 23 maggio 1992) è stato un magistrato italiano.

Giovanni Verga
vero nome **Giovanni Carmelo Verga** (Catania, 2 settembre 1840 – Catania, 27

gennaio 1922) fu uno scrittore italiano, considerato il maggior esponente della corrente letteraria del *verismo*.

Giulio Andreotti
(Roma, 14 gennaio 1919) è un politico, scrittore e giornalista italiano. È stato uno dei principali esponenti della Democrazia Cristiana.

Gotthold Ephraim Lessing
(1729-1781). Scrittore tedesco. La sua opera più importante è il *Laocoonte*, capolavoro dell'estetica illuminista.

Groucho Marx
vero nome **Julius Henry Marks**
(1890 – 1977), attore e comico statunitense. Premio Oscar alla carriera (1974)

H

Heinrich Heine
vero nome **Christian Johann Heinrich Heine** (Düsseldorf, 13 dicembre 1797 – Parigi, 17 febbraio 1856) è stato il maggior poeta tedesco del periodo di transizione tra il *romanticismo* e il *realismo*.

Helena Blavatsky
vero nome **Helena Petrovna Hahn** (Ucraina 1831 – Londra 1891) è stata una filosofa ucraina, fondatrice della Società Teosofica.

Henrik Ibsen
(Skien, 20 marzo 1828 – Oslo, 23 maggio 1906) è stato uno scrittore e drammaturgo norvegese. È considerato il padre della drammaturgia moderna, per aver portato nel teatro la dimensione più intima della borghesia ottocentesca, mettendone a nudo le contraddizioni e il profondo maschilismo.

Henry David Thoreau
(Concord, 12 luglio 1817 – Concord, 6 maggio 1862), è stato un filosofo e scrittore statunitense. Fu uno dei membri principali della corrente del *trascendentalismo* ed è principalmente noto per lo scritto autobiografico *Walden*, ovvero *La vita nei boschi*.

Henry Ward Beecher

(Litchfield, 24 giugno 1813 – New York City, New York, 8 marzo 1887) è stato un politico statunitense, incluso nella prima lista di statunitensi facenti parte della Hall of Fame for Great Americans.

Honoré de Balzac

(Tours, 20 maggio 1799 – Parigi, 18 agosto 1850) è stato uno scrittore francese, considerato fra i maggiori della sua epoca. Romanziere, critico, drammaturgo, giornalista e stampatore, è considerato il principale maestro del romanzo realista francese del XIX secolo.

Hugo von Hofmannsthal

(Vienna, 1 febbraio 1874 – Vienna, 15 luglio 1929) è stato uno scrittore, drammaturgo e librettista austriaco.

Humphrey Bogart

vero nome **Humphrey De Forest Bogart** (New York, 25 dicembre 1899 – Hollywood, 14 gennaio 1957), è stato un attore statunitense attivo particolarmente fra gli anni trenta e cinquanta.

I

Immanuel Kant
(Königsberg, 22 aprile 1724 – Königsberg, 12 febbraio 1804) è stato un filosofo tedesco. Fu uno dei più importanti esponenti dell'illuminismo tedesco.

Inayat Khan
(Vadodara, 5 luglio 1882 – Nuova Delhi, 5 febbraio 1927) è stato un mistico indiano.

J

Jean de La Fontaine
(Château-Thierry, 8 luglio 1621 – Parigi, 13 aprile 1695) è stato uno scrittore e poeta francese, autore di celebri favole.

Jean Jacques Rousseau
(Ginevra, 28 giugno 1712 – Ermenonville, 2 luglio 1778) è stato uno scrittore, filosofo e musicista svizzero.

Jean Luc Godard
(Parigi, 3 dicembre 1930) è un regista e critico cinematografico francese.

Johann Sebastian Bach
(Eisenach, 31 marzo 1685 – Lipsia, 28 luglio 1750), è stato un compositore, organista, clavicembalista e maestro di coro tedesco del periodo barocco

Johann Wolfgang von Goethe
(Francoforte sul Meno, 28 agosto 1749 – Weimar, 22 marzo 1832) è stato uno scrittore, poeta e drammaturgo tedesco.

John Ray
(Black Notley, 29 novembre 1627 – Black Notley, 17 gennaio 1705) è stato un naturalista britannico.

John Updike
vero nome **John Hoyer Updike**
(Reading (Pennsylvania), 18 marzo 1932 –
Beverly Farms, 27 gennaio 2009) è stato uno
scrittore statunitense.

Joseph Joubert
vero nome **Joseph Antoine René Joubert**
(7 maggio 1754 in Montignac - 4 maggio 1824
in Villeneuve-sur-Yonne) era un filosofo e
moralista francese e saggista.

Joseph Rudyard Kipling
Bombay, 30 dicembre 1865 – Londra, 18 gennaio
1936) è stato uno scrittore e poeta britannico, nato
in India e voce del colonialismo. La sua opera più
nota è il racconto per ragazzi Il libro della giungla
(1894).

K

Karl Raimund Popper
(Vienna, 28 luglio 1902 - Londra, 17 settembre 1994) è stato un filosofo e epistemologo austriaco, naturalizzato britannico. È considerato uno dei più influenti filosofi del Novecento.

Khalil Gibran
(Bsharri, 6 gennaio 1883 - New York, 10 aprile 1931) fu un poeta, pittore e filosofo libanese.

Kodo Sawaki Roshi
(16 giugno 1880 - Antaiji, 21 dicembre 1965) è stato un monaco buddhista giapponese, della corrente del buddhismo zen. Considerato uno dei più importanti maestri Zen del XX secolo.

Krishnamurti
vero nome **Jiddu Krishnamurti**
(Madanapalle, 12 maggio 1895 - Ojai, 18 febbraio 1986) è stato un filosofo apolide. Di origine indiana, non volle appartenere a nessuna organizzazione, nazionalità o religione.

L

Lane Olinghouse

(Hardcover 1 gennaio 1976 - vivente) scrittrice americana.

Lao Tze

vero nome **Laozi** (... – VI secolo a.c.) translitterato anche nelle forme **Lao Tzu, Lao Tse, Lao Tze, Lao Tzi** e altre), è stato un filosofo cinese.

Leonardo da Vinci

vero nome **Leonardo di ser Piero da Vinci** (Vinci, 15 aprile 1452 – Amboise, 2 maggio 1519) è stato un artista, scienziato e pittore italiano. Uomo d'ingegno e talento universale del Rinascimento italiano.

Leonardo Sciascia

(Racalmuto, 8 gennaio 1921 – Palermo, 20 novembre 1989) è stato uno scrittore, saggista e politico italiano.

Lev Nikolaevič Tolstoj

(Jasnaja Poljana 28 agosto 1828 - Astopovo 7 novembre 1910), scrittore russo. Le sue più grandi opere sono: *Anna Karenina* e *Guerra e pace.*

Lin-Chi

(... - 867 A.C.) Maestro venerabile **Lin Chi Yi-Sen** fondò una delle scuole più influente di *Buddismo* dopo il sesto Patriarca *Hui Neng* in Cina.

Luc de Vauvenargues

vero nome **Luc de Clapiers,** marchese di Vauvenargues (Aix-en-Provence, 6 agosto 1715 – Parigi, 28 maggio 1747), è stato uno scrittore, saggista e moralista francese.

Luciana Littizzetto

(Torino, 29 ottobre 1964) è un'attrice, cabarettista e doppiatrice italiana.

Luigi Pirandello

(Agrigento, 28 giugno 1867 – Roma, 10 dicembre 1936) fu un drammaturgo, scrittore e poeta italiano, insignito del premio Nobel per la letteratura nel 1934.

M

Madame d'Arconville
vero nome **Thiroux di Arconville** (1720-1805) letterata, donna di scienze nell'illuminismo francese.

Madame Swetchine
vero nome **Sophia Petrovna Soïmonov** o **Soymanof** o anche **Anna Sophie Swetchine** (1782-1857), prese il cognome del marito il generale **Nicolas Sergeyvitch Swetchine**. Era una scrittrice mistica russa, e famosa per il suo salone a Parigi.

Madre Teresa di Calcutta
al secolo **Anjeza Gonxhe Bojaxhiu** (Skopje, 26 agosto 1910 – Calcutta, 5 settembre 1997), è stata una religiosa albanese di fede cattolica, fondatrice della congregazione religiosa delle Missionarie della Carità. Ha vinto il Premio Nobel per la Pace nel 1979, e il 19 ottobre 2003 è stata proclamata beata da papa Giovanni Paolo II.

Mahatma Gandhi
vero nome **Mohandas Karamchand Gandhi** (Porbandar, 2 ottobre 1869 – Nuova Delhi, 30 gennaio 1948), è stato un politico e filosofo indiano.

Marcel Proust

vero nome **Valentin Louis Georges Eugène Marcel Proust** (Parigi, 10 luglio 1871 – Parigi, 18 novembre 1922) è stato uno scrittore francese, ricordato maggiormente per la sua imponente opera *Alla ricerca del tempo perduto*.

Marcello Marchesi

(Milano, 14 aprile 1912 – Cabras, 19 luglio 1978) è stato un comico, regista, sceneggiatore paroliere e cantautore italiano.

Marco Aurelio

vero nome **Cesare Marco Aurelio Antonino Augusto** (Roma, 26 aprile 121 – Vindobona, 17 marzo 180) è stato un imperatore, filosofo e scrittore romano.

Marco Resti

(1976 - vivente) fotografo italiano.

Marilyn Monroe,

nome d'arte di **Norma Jeane Baker** (Los Angeles, 1 giugno 1926 – Los Angeles, 5 agosto 1962), è stata un'attrice statunitense.

Mario Monicelli

(Viareggio, 16 maggio 1915 - vivente) è un regista e sceneggiatore italiano tra i principali esponenti della commedia all'italiana.

Mark Twain

(1835 - 1910) Samuel Langhorne Clemens, noto con lo pseudonimo di Mark Twain. Giornalista scrittore americano, famoso sopprattutto per due libri: *("Le avventure di Tom Sawyer"*, 1876, e *"Le avventure di Huckleberry Finn"*, 1884)

Marziale

vero nome **Marco Valerio Marziale** (Augusta Bilbilis, 1 marzo 40 – Augusta Bilbilis, 104) è stato un poeta romano, comunemente ritenuto il più importante epigrammista in lingua latina.

Massimo D'Azeglio

vero nome **Massimo Taparelli, marchese d'Azeglio** (Torino, 24 ottobre 1798 – 15 gennaio 1866), fu uno scrittore, pittore, patriota e politico italiano.

Massimo Troisi

(San Giorgio a Cremano, 19 febbraio 1953 – Roma, 4 giugno 1994) è stato un attore, regista e sceneggiatore italiano.

Maurice Chevalier

(Parigi, 12 settembre 1888 – Parigi, 1° gennaio 1972) è stato un attore e cantante francese. Celeberrimo interprete francese di musical cinematografici negli anni venti e trenta, è stato una sorta di Fred Astaire d'Oltralpe.

Maurizio Milani
pseudonimo di **Carlo Barcellesi**
(Codogno, 1959) è un comico, scrittore e attore teatrale italiano.

Megan Fox
vero nome **Megan Denise Fox**
(Oak Ridge, 16 maggio 1986) è un'attrice e modella statunitense.

Meng-Tzu
letteralmente "Maestro Meng" detto anche **Mencio** (370 a.C. - 289 a.C.), fu un filosofo cinese, il più eminente aderente al confucianesimo.

Michel de Montaigne
vero nome **Michel Eyquem de Montaigne** (Bordeaux, 28 febbraio 1533 – Saint-Michel-de-Montaigne, 13 settembre 1592) fu un filosofo, scrittore e politico francese.

Miguel de Cervantes
(Alcalá de Henares, 29 settembre 1547 – Madrid, 23 aprile 1616) è stato uno scrittore spagnolo. È universalmente noto per essere l'autore del romanzo *Don Chisciotte della Mancia*.

Mila Jovovich
vero nome **Milica Jovović**, pronunciato *Mìliza*,
(Kiev, 17 dicembre 1975), è una modella, attrice
e cantante ucraina naturalizzata statunitense.

N

Nagarjuna

Si ritiene che sia nato nel II secolo d.C., probabilmente nella regione di Andhra (India meridionale) da una famiglia di brahmani. Secondo una tradizione nacque sotto un albero di Terminalia arjuna, fatto che determina la seconda parte del suo nome, Arjuna. La prima parte, ga, lo si deve ad un viaggio che avrebbe condotto, sempre secondo alcune leggende, nel regno dei nga, i cobra divini, posto sotto l'oceano per recuperare i Prajpramit ABtra ad essi affidati dai tempi del Buddha Shakyamuni. e stato un monaco buddhista indiano, filosofo e fondatore della scuola dei Madhyamika e patriarca delle scuole Mahyana.

Niels Bohr

vero nome **Niels Henrik David Bohr** (Copenaghen, 7 ottobre 1885 – Copenaghen, 18 novembre 1962) è stato un fisico e matematico danese. Diede contributi essenziali nella comprensione della struttura atomica e nella meccanica quantistica.

O

Orazio

vero nome **Quinto Orazio Flacco**, in latino **Quintus Horatius Flaccus** (Venosa, 8 dicembre 65 a.c. – Roma, 27 novembre 8 a.C.), è stato un poeta romano.

Oscar Wilde

vero nome **Oscar Fingal O'Flaherty Wills Wilde** (Dublino, 16 ottobre 1854 – Parigi, 30 novembre 1900) fu uno scrittore, poeta e drammaturgo irlandese.

Osho Rajneesh

vero nome **Rajneesh Chandra Mohan Jain**, meglio conosciuto durante gli anni settanta come **Bhagwan Shree Rajneesh** e più tardi come **Osho** (Kuchwada, 11 dicembre 1931 – Pune, 19 gennaio 1990), è stato un filosofo e leader carismatico e maestro spirituale indiano.

Ovidio

vero nome **Publio Ovidio Nasone** (Sulmona, 20 marzo 43 a.C. – Tomi, 18), fu un celebre poeta romano tra i maggiori elegiaci.

P

Pablo Neruda
(Parral, 12 luglio 1904 – Santiago, 23 settembre 1973) è stato un poeta cileno. Viene considerato una delle più importanti figure della letteratura latino americana contemporanea.

Pamela Anderson
vero nome **Pamela Denise Anderson** (Ladysmith, 1° luglio 1967) è un'attrice canadese.

Paolo Mantegazza
(Monza, 31 ottobre 1831 – San Terenzo, 28 agosto 1910) è stato un fisiologo, antropologo, patriota e scrittore italiano.

Papa Benedetto XVI
vero nome **Joseph Alois Ratzinger** (Marktl am Inn, 16 aprile 1927), è dal 19 aprile 2005 il vescovo di Roma ,il 265° papa della Chiesa cattolica ed il sovrano assoluto della Città del Vaticano

Paul Cézanne
(Aix-en-Provence, 19 gennaio 1839 – Aix-en-Provence, 22 ottobre 1906) è stato un pittore francese.

Paul Gauguin
vero nome **Eugène-Henri-Paul Gauguin**, (Parigi 7 giugno 1848 - maggio 8, 1903, Atuona Hiva Oa, Isole di Marquesas Polynesia francese), e stato uno dei principali pittori francesi del periodo Postimpressionista.

Paul Masson
(30 novembre 1874 – 30 novembre 1944) è stato un ciclista su strada francese.

Paulo Coelho
(1947 - vivente) Poeta e scrittore brasiliano.

Percy Bysshe Shelley
(Field Place 4 agosto 1792 - Viareggio 8 luglio 1822) Poeta inglese.

Piero Angela
(Torino nel 1928 - vivente) giornalista e divulgatore scientifico.

Piero Chiambretti
(Aosta, 30 maggio 1956) è un conduttore televisivo e showman italiano.

Publilio Siro
visse nel I secolo a.c. a Roma, negli anni che videro la *Repubblica* diventare un *principato*. È stato uno scrittore e drammaturgo romano assieme a *Decimo Laberio* il più noto autore di mimi della Letteratura latina. Fu contemporaneo di Cesare, Ottaviano, Marco Antonio, ...

Publio Virgilio Marone
(Andes, 15 ottobre 70 a.C. – Brindisi, 21 settembre 19 a.C.), fu un poeta romano.

R

Ramakrishna
vero nome **Gadadhar Chattopadhyay**, conosciuto come **Sri Ramakrishna Paramahamsa** (Kamarpukur, 18 febbraio 1836 – Cossipore, 16 agosto 1886) è stato un mistico indiano. Ramakrishna è stato un importante mistico, nonché un guru, famoso per aver intrapreso i vari percorsi mistici delle principali religioni del mondo.

Re Salomone
(Gerusalemme, 1011 a.C. - 931 a.C.) è stato, secondo la Bibbia, uno tra i primi e più importanti re d'Israele. Il suo regno è datato approssimativamente dal 970 al 930 a.C. e fu l'ultimo dei Re del regno unificato di Giuda e Israele.

Renè Descartes
latinizzato in **Renatus Cartesius** e italianizzato in **Cartesio** o, in passato, **Renato Delle Carte** (La Haye en Touraine, 31 marzo 1596 – Stoccolma, 11 febbraio 1650) è stato un filosofo e matematico francese. Ritenuto da molti fondatore della filosofia moderna e padre della matematica moderna, è considerato uno dei più grandi e influenti pensatori nella storia dell'umanità.

Richard Bach
vero nome **Richard David Bach**
(Oak Park, 23 giugno 1936) è uno scrittore statunitense. Ha ottenuto un'ampia popolarità a livello internazionale, a partire dagli anni settanta, con la pubblicazione de *Il gabbiano Jonathan Livingston, Illusioni: Le avventure di un messia riluttante* e altre opere letterarie.

Robert Orben
(4 marzo 1927 - vivente) scrittore di commedie americane.

Roberto Benigni
vero nome **Roberto Remigio Benigni** (Castiglion Fiorentino, 27 ottobre 1952) è un attore, comico, regista e sceneggiatore italiano.

Roberto Gervaso
(1937 - vivente) Giornalista e scrittore italiano.

Roberto Saviano
(1979 – vivente), scrittore e giornalista italiano.

Rosamunde Pilcher
vero nome **Rosamunde Scott**
(Lelant, 22 settembre 1924), è una scrittrice inglese autrice di romanzi sentimentali ambientati nelle isole britanniche, da cui sono stati tratti, in Germania, numerosissimi film televisivi.

S

Sacha Guitry
all'anagrafe **Alexandre Georges-Pierre Guitry**
(San Pietroburgo, 21 febbraio 1885 – Parigi, 24
luglio 1957), è stato un attore, regista e
sceneggiatore francese.

Salvador Dalì
vero nome **Salvador Domingo Felipe Jacinto
Dalí Domènech, marchese di Púbol**
(Figueres, 11 maggio 1904 – Figueres, 23
gennaio 1989), è stato un pittore, scultore,
scrittore, cineasta e designer spagnolo.

Samuel Johnson
noto anche come **Dottor Johnson**
(1709 – 1784), poeta e scrittore britannico.

San Bernardo
(XII secolo – XII secolo) è stato un religioso
inglese.

Seal
nome d'arte di **Seal Henry Olusegun
Olumide Adeola Samuel**
(Londra, 19 febbraio 1963), è un cantante e
compositore britannico di origine nigeriana.

Sergio Staino
(Piancastagnaio, 8 giugno 1940) è un autore di
fumetti e regista italiano.

Sesto Empirico
(c. 160 – c. 210) è stato un filosofo greco antico
vissuto nel II secolo d.c. e uno dei maggiori
esponenti dello Scetticismo.

Shunryu Suzuki
vero nome **Shogaku Shunryu**
(18 maggio 1904 - 4 dicembre 1971)
Maestro Zen, che portò il Buddismo e lo Zen
negli Stati Uniti

Socrate
470 a.C. – 399 a.C.), filosofo greco.

Sophia Hawthorne
vero nome **Sophia Peabody**
(1809 - 1871) illustratrice trascendentalista.
Moglie di **Nathaniel Hawthorne** (Salem, 4
luglio 1804 – Plymouth, 19 maggio 1864)
scrittore statunitense.

Spike Milligan
vero nome **Terence Alan Patrick Seán
Milligan** (16 aprile 1918 – 27 febbraio 2002)
era un attore comico, scrittore, musicista,
poeta, drammaturgo irlandese; la

maggioranza della sua vita la spese lavorando nel Regno Unito.

Stanislaw Jerzy Lec
(Leopoli, 6 marzo 1909 - Varsavia, 7 maggio 1966) è stato uno scrittore, poeta e aforista polacco.

Sun Tzu
(544 a.C. – 496 a.C.) è stato un generale e scrittore cinese. A lui si attribuisce uno dei più importanti trattati di strategia militare che nell'antichità siano mai stati scritti, *L'arte della guerra*.

T

Thomas Hardy

(Upper Bockhampton, 2 giugno 1840 - Dorchester, 11 gennaio 1928) è stato un poeta e scrittore britannico.

Thomas Jefferson

(Shadwell, 13 aprile 1743 - Charlottesville, 4 luglio 1826) è stato un politico, scienziato e architetto statunitense. È stato il terzo presidente degli Stati Uniti d'America ed è inoltre considerato uno dei padri fondatori della nazione.

Totò

nome d'arte di **Antonio Focas Flavio Angelo Ducas Comneno De Curtis di Bisanzio Gagliardi**, più noto come **Antonio De Curtis** (Napoli, 15 febbraio 1898 - Roma, 15 aprile 1967), è stato un attore, poeta e paroliere italiano. Soprannominato *"il principe della risata"*, è considerato il più grande interprete nella storia del teatro e del cinema italiano.

Trettrè

attori comici e cabarettisti napoletani che raggiunse una grande popolarità all'inizio degli anni ottanta con la partecipazione al programma televisivo *Drive In*.

Il trio era formato da **Gino Cogliandro, Mirko Setaro** ed **Edoardo Romano.**

Ts'ai Ken T'an
e il nome di un testo che tradotto letteralmente significa *"trattato dell'origine vegetale"*, scritto da **Caigentan** che era uno studioso della *Dinastia Ming.* Questa compilazione di aforismi combina ecletticamente elementi dai tre insegnamenti (il Confucianesimo, Daoismo e Buddismo).

U

Ugo Ojetti
(Roma, 15 luglio 1871 - Firenze, 1° gennaio 1946) è stato uno scrittore, critico d'arte e giornalista italiano.

V

Vasco Rossi
(Zocca, 7 febbraio 1952), è un cantautore italiano.

Vincent Van Gogh
vero nome **Vincent Willem Van Gogh** (Zundert, 30 marzo 1853 – Auvers-sur-Oise, 29 luglio 1890) è stato un pittore olandese.

Virgilio
vero nome **Publio Virgilio Marone** (Andes, 15 ottobre 70 a.C. – Brindisi, 21 settembre 19 a.C.), fu un poeta romano.

Voltaire
vero nome **François-Marie Arouet** (Parigi, 21 novembre 1694 – Parigi, 30 maggio 1778), è stato un filosofo, scrittore, drammaturgo e poeta francese.

W

Walter Lippmann
(New York, 23 settembre 1889 – 14 dicembre 1974) è stato un giornalista statunitense. Vinse due premi *Pulitzer* (nel 1958 e nel 1962).

William Blake
(Londra, 28 novembre 1757 – Londra, 12 agosto 1827) è stato un poeta, incisore e pittore inglese.

William Shakespeare
(Stratford-upon-Avon, 26 aprile 1564 – Stratford-upon-Avon, 23 aprile 1616) è stato un drammaturgo e poeta inglese.

William Somerset Maugham
(Parigi 1874 - Cap Ferrat sulla Costa Azzurra 1965) scrittore, critico letterario.

Woody Allen
al secolo **Allan Stewart Königsberg**
(New York, 1° dicembre 1935), è un regista, sceneggiatore e attore statunitense, nonché comico, autore teatrale, scrittore umoristico e clarinettista jazz.

Y

Yun-Men
o **Yúnmén Wényan**
(862 - 949 A.C.) era un maestro Zen cinese. Lui fondò una delle cinque scuole di maggiori di Chan (Zen cinese).

Z

Zhuangzi
(369 a.C. – 286 a.C.) è stato un filosofo e mistico cinese. Successivamente considerato tra i fondatori del Daoismo, per metonimia si indica con il suo nome anche il testo filosofico a lui attribuito.

Zuzzurro e Gaspare
nome d'arte di **Andrea Brambilla**
(Varese, 21 agosto 1946) e **Nino Formicola** (Milano, 12 giugno 1953), sono due comici italiani.

Mini biografia sull'autore

Antonio Pittau nato e residente nella soleggiata Sardegna nel 1970 dove vivo con mio padre, 4 gatti e 4 tartarughe di terra e le rondini che vengono a trovarmi tutte le primavere. Geometra, laureando in Ingegneria Edile-Architettura nella Facoltà di Ingegneria di Cagliari. Scrittore, poeta, disegnatore per passione, pittore digitale per hobby.

INDICE

www.ingramcontent.com/pod-product-compliance
Lightning Source LLC
Chambersburg PA
CBHW060633290526

45793CB00001B/233